+1cm

1cm+ © 2013 by Eun-ju KIM and Hyun-jung Yang
All rights reserved.
Original Korean edition published by BACDOCI Co.,Ltd.
through Eric Yang Agency Seoul & Tuttle-Mori Agency, Inc., Tokyo
Japanese translation rights © 2016 by Bunkyosha

たった1cmの差が
あなたの世界をがらりと変える

キム・ウンジュ／文　ヤン・ヒョンジョン／イラスト　簗田順子／訳

文響社

はじめに

今の人生に、心から満足していますか?

ふとした瞬間「なんだか幸せじゃない」ような
気がすることはありませんか?

周りの幸せを心から祝えない。誰かと一緒にいても孤独を感じる。
がんばりが報われない。肝心なときにサボってしまう。
誰かのために自分の人生を使っている気がする。…

そんな悩みを解決しようとするとき、大抵たどり着く答えは
「本気で取り組んでみましょう」
「継続は力なり」
「もっと大胆にチャレンジしよう」
こんな、ことばかり。

でも、ときには「もうこれ以上がんばれない」
と思ってしまうこともあるでしょう。

そんなときは、がんばらなくて大丈夫。
あなたは、十分うまくやっています。

この本は
「たった1cm、ものの見方を変えるだけで世界が大きく変わる」
という信念を元に書かれています。

今心の底から満足できていないことがあるなら
いきなり思いきった方法でそれを変えることは難しいですし
失敗のリスクも高くなります。尻ごみしてしまうことも多いでしょう。

けれど、本当にたった1cmだけ見方や考え方を
変えてみるのはどうでしょうか。
その先には人生が、世界が、あなた自身が
がらりと変わる感動が待っているかもしれません。

そんな逆転のアイディアが
驚くほどクリエイティブな方法でこの本には詰まっています。
ネガティブな場所から、気持ちや考えが変われば結果はきっと付いてきます。
本書は、「人生にポジティブな変化と驚きを与えてくれる本」として
韓国をはじめとした世界で社会現象を引き起こすほどの
ベストセラーになった一冊です。

さあ、それではあなたも
人生に＋1cmの変化をもたらす旅に出かけましょう。

目次

はじめに +004

BREAKING. ＋1cm、視線を変えるだけでも新しい世界が見える

1 or 2 +010　変化 +012　空色ってどんな色？+014　リバーシブル +016　ポジティブ理論 +018　通販番組の哲学者 +020　喜劇と悲劇の違い +022　エンドレス不満足 +024　嘘つき +026　禁止を禁止 +028　Be Special! +030　発見 +032　イケナイ想像力 +036　奇跡 +038　しっぽ +040　真実3%ジュース +042　"Video Kills the Radio Star, Smartphone Kills Smart People" +044

LOVING. 愛と争いを生む男女の1cmの違い

愛という動物 +050　ひとりじゃできない +052　悪用禁止 +054　短編を書く男 長編を書く女 +056　オンナゴコロ +058　ひとりぼっち +060　じゃない +062　男女Q&A -質問編- +064　男女によるスカートの認識 +066　終わった愛へのアドバイス +068　男女によるドラマの認識 +070　世界一の脚本家 +072　男女によるカレンダーの認識 +074　男には難しい問題 +076　美の秘訣 +078　男女Q&A -回答編- +079　本物 +080　ノアの方舟 +084　ライフハック +086　恋する理由 +088　男女による初恋の認識 +090　LOVE LXVE +092　次の条件を満たす人は？+094　動物のオキテ 〜オス編〜 +096　動物のオキテ 〜メス編〜 +098

FINDING. こころの奥1cmで起きること

あなたとその人と(おバカな犬それから奥さんと)の問題 +102　幸せフォルダーに移動しますか？+104　不可能 +106　まぼろしの君 +108　すぐに → ゆっくりと +110　他人ごと +112　手の届かない真理 +114　ニュー・アンサー +116　大事なことほど +119　パーフェクト、じゃなくたって +120　愛と傷 +122　トップ・オブ・ザ・ワールド +124　真犯人は +126　About Me +128　E.T.の本性 +130　心の体重計 +132　孤独

な問い +134　心のカーテン +137　ありのまMe +140　ボリューム調節 +142　憎しみを捨てる方法 +144　思いやりブーメラン +146　これは内緒なんだけど…(秘密に関する小さな考察) +148　魔が差す +152　To-Doリスト +154　魔法の言葉 呪いの言葉 +156

RELAXING.　忙しいときほどあと1cmの余裕が必要だ

Once a Week +160　なくしもの +162　不都合な真実 +164　怒っていいのは +166　幸せの基準 +168　演出上の一例 +172　明日の降福確率 +174　朝の悲鳴 +176　終電1分前 +178　処方箋 その1 +180　処方箋 その2 +182　処方箋 その3 +184　処方箋 その4 +186　Special Pages +188　接触禁止仮処分 +192　ショッピングの矛盾 +194　世界の危機 +196　現実行きチケット +200

GETTING CLOSER.　お互いに1cm近づいて

親友 +204　人気投票1位 +206　ウォーミングアップ +208　きみはペット +210　出会いは必然 +212　おあずけ +214　心の根っこ +216　警告の赤 +218　黒と白 +220　容量オーバー +222　Hide & Seek +224　幸せ貯金 +226　家族だから +228　オトナのコドモ +230　傘を開く +232

DREAMING.　あなたの夢が叶うまで、あとたった1cm

夢【　】叶う +236　チャレンジ +238　未練 +240　スピード違反 +242　努力 +244　宝箱 +246　自然がお手本 +248　一番危険なもの +250　見た目が0割 +253　神さまのお仕事 +256　適応力 +258　目的地はどこですか? +260　おまじない +262　エンドロール +264　未来からの手紙 +266

おまけ　登場人物の解説 +270
著者・訳者紹介 +271

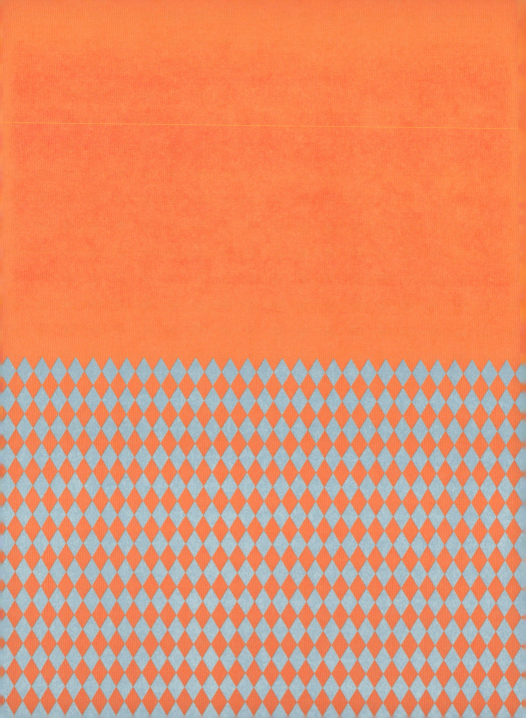

BREAKING.

+

+1cm、視線を変えるだけでも新しい世界が見える

けれど
この宇宙にふたりっきり
という言葉はとてもロマンチックだ。

数学者たちは、まだ気付いていない。
たった「1」の差って
実は、ものすごく大きいんだ。

変化

座る場所を変えなきゃ
新しい景色は見えない。

空色ってどんな色?

大事なのは

「これは先入観だ」
と気づくこと

空色2
朝やけの空色

空色3
夕日が沈むときの空色

空色4
くもりの日の空色

空色5
真夜中の空色

空色6
明け方の空色

空色7
恋に落ちたときの空色

リバーシブル

いいことがあって笑ってる
笑ってるからいいことがある

豊かだから分けてあげる
分けてあげれば豊かになる

可愛いから愛してる
愛してるから可愛く見える

友達だから信じる
信じるのは友達だからだ

うまくいったから褒める
褒めるからうまくいく

十分だから満足する
満足だから十分だ

可能なことを始める
始めたから可能になる

若いからチャレンジできる
チャレンジできるから若いのだ

世の中が変わるから考えも変わる
考えを変えれば世の中が変わる

ポジティブ理論

1.
😊良いことを予想してて 😊良いことがあったとき
😊良いことを予想してて 　悪いことがあったとき

2.
　悪いことを予想してて 😊良いことがあったとき
　悪いことを予想してて 　悪いことがあったとき

このうち、楽しい気分になるのはいつだろう？
1.では3回
2.ではたった1回だ。

ポジティブな考えを「できたらいいなあ」なんかじゃなくて
「あたりまえ」にしてしまうこと。

期待が外れたときにがっかりするのが怖くて
初めからネガティブに考えてたら
失望も少ないだろうなんて思って。

ポジティブに考えてるときの
胸のときめき、ワクワクする感覚
それ自体の楽しさを見落としてはいない？

通販番組の哲学者

通販番組にだって学べることはいくつもある。

「このバッグの品質は高級ブランドにも負けません。
本物の子牛の革のような素晴らしい手ざわりです!」
どんなものでもポジティブに見つめる視線。

「特別サービスで1パック追加、本日限定です! 今すぐお電話を!」
今、この瞬間に全力投球する姿勢。

「ああっ、ベージュが売り切れ! 早速売り切れてしまいました!」
人生はタイミングだという教訓。

「1週間以内ならいつでも返品可能です」
間違えたときは
やり直すことだってできるというヒント。

いつだってどこにだって
学ぶべき人生の哲学がある。

喜劇と悲劇の違い

#1
海辺のレストラン、広がる白い砂浜、熱く降り注ぐ太陽
心地いい温度で吹く風、シミひとつないテーブルクロス
上品な食器に載った、最高級料理を前に座っている一組の男女。

男：I hate you!（だいっきらいだ！）
女：I curse you!（アタシもよ！呪ってやるわ！）

映画の中、いくら美しく完璧な風景が広がっていても
それをバックにふたりの主役がヒドいセリフをぶつけ合っていたら
それは決してロマンチックなシーンにはならない。

反対に
いくらみすぼらしく荒れ果てた風景が広がっていても
それをバックにふたりの主役が愛をささやき合っていたら
それは陰気な悲劇などではない。

どんな危機に直面していても
主役たちが手をかたく握り合い、立ち上がろうとするなら
絶望ではなく、希望を語るシーンになる。

人生も同じだ。

人生のとあるシーンが喜劇なのか悲劇なのか
絶頂なのかどん底なのかを決めるのは

美しいとかみすぼらしいとか
喜びに満ちているとか、もの悲しいとかいうような
風景そのものではなく

そこに立つ人の心次第なんだ。

エンドレス不満足

おなかを空かせた人に神さまがパンをあげたら
着る服がなくて不幸だと言う。

服をあげたら
座る椅子がなくて不幸だと言う。

椅子をあげたら
ベッドがなくて不幸だと言う。

ベッドをあげたら
ベッドを置く大きな家がなくて不幸だと言う。

大きな家をあげたら
車がなくて不幸だと言う。

車をあげたら
一番速い車じゃなくて不幸だと言う。

スポーツカーをあげたら
空を飛べなくて不幸だと言う。

空を飛べるように翼をあげたら
あなたのように神さまになれなくて不幸だと言う。

ないから満足できないのではなく
満足しようとしないから満足できない。

嘘つき

嘘をついたことは
バレたときに後悔する。

けれどときどき
バレるまで待たなくても後悔する。

禁止を禁止

18禁 / 芝生への立ち入り禁止 / 飲食物持ち込み禁止
遊泳禁止 / コンサートチケット転売禁止
バスローブを着ての運転禁止※1 / 駅でのキス禁止※2

世の中には
事件や事故を防ぐためのさまざまな禁止がある。

人生にも
過去のトラウマのせいで
生まれつきの性格のせいで
あるいはこれといった理由もなく
自分でも知らないうちに決めつけて
いつの間にか従っている禁止がある。

オールナイト禁止 / 大胆なファッション禁止
苦手な人とおしゃべり禁止 / あてのないひとり旅禁止
他の人がやらないことはわたしも禁止
自分からの告白禁止 / 失敗しそうなチャレンジは禁止

世の中で決められた禁止を破ると
危ない目にあったり罰金を取られたりするけれど
自分が作っていた禁止を破ると
人生はたちまち面白くなる。

※1 アメリカ、カリフォルニア州の交通法
※2 イギリス中西部のウォリントン・バンクキー駅にはキス禁止の標識が立っている。
　　別れ際の恋人たちが長時間キスをするせいで駅が混雑するため。

PLATFORM 1

Be Special!

すでに完成した何かを真似して描き始めると
完成した姿は簡単に予想できるけれど
いくら上手く描いてもそれはただのデッサンだ。

誰かが作ったものにそっくり似せるのは
ラクで間違いようがない。
しかし、それは結局イミテーションにしかならない。

まだ誰もチャレンジしていないものを
イチから作り出すには辛く険しい道をたどる。
しかし、だからこそ創造には価値がある。

完成品から離れてみること。
未完成を恐れないこと。

宝を探すとき、誰もが見るもっともらしい場所に
隠れているのはいつだってトラップばかり。
宝物は、意外な場所にこそ眠っている。

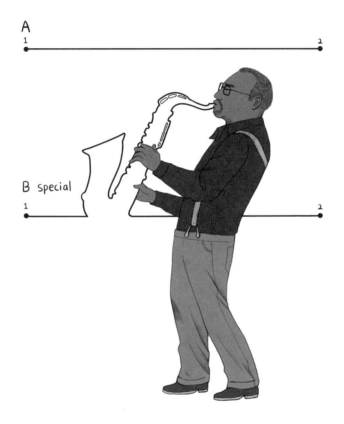

発見

寒い冬が苦手なら、焼きイモやたい焼きのような
冬ならではの好物を見つけてみる。

ジョギングが不得意なら、走りながら聞くと
ノリノリになれるリミックス曲をさがす。

野菜がキライなら
一緒に食べるとバツグンにおいしいドレッシングの研究をする。

合わない人がいるなら
その人の意外な長所をひとつずつでも観察する。

イヤだとばかり思うのは
隠れた本当の姿を、話を、側面を
まだ見つけられてないからかも。

好きだったものが嫌いになることもあるように
嫌いだったものも案外悪くないって思えるかもしれない。

発見してみよう。
キライなものの新しい姿を。

苦手なものの中にだって
ステキななにかは隠れているかも!

苦手

が

ひとつずつ

好き　になる
　　　　　って

ステキ

by クマくん

イケナイ想像力

楽しいことばかりではなく
心配ごとまで想像できるようになるのは
大人になったひとつの証拠だ。

けれどやっぱり
大好きな人と別れる
一世一代の試験に失敗する
治らないひどい病気にかかる
仕事をしくじって取り返しがつかなくなる
突然借金を背負って辛い人生を送る

そんな、胸が痛くなるような
想像ばかりするのはやめておこう。

あなたを苦しめるのは
大体は現実じゃなくて
想像なのだ。

奇跡

奇跡があるかないか
確かなことは言えない。

けれど
奇跡を絶対信じない人に
奇跡が起こりようもないことは
確かに言える。

だから結局、奇跡は信じる人にだけ訪れる。

しっぽ

後悔は
チャンスという
トカゲのしっぽだ。

持っていたって
チャンスは戻って来ない。

真実3％ジュース

嘘にはいつも
ほんのちょっとだけ、真実が入っている。
だからときどき
嘘をホントだと言いはれてしまうのだ。

浮気男の「君だけを愛してる」という言葉には
「君を愛している」という真実と
「君だけを愛してるわけじゃない」という嘘が混じっている。

けれど、覚えておこう。
真実の混じった嘘はやっぱり嘘で
嘘の混じった真実もまた
嘘にすぎないということを。

真実はオレンジジュースとは違う。
果汁が3％しか含まれていなくたって
オレンジジュースだと言えちゃうけれど

100％ではない真実は
どれだけ含まれている量が多くたって
真実にはならない。

"Video Kills the Radio Star, Smartphone Kills Smart People"

あなたは [　　] の声に目を覚まし
[　　] と目を合わせて一日を始めます。
出勤や登校の途中、重要な会議の席
あなたが行く全ての場所の一番目立つ所に [　　] はいます。
私的な場所から公共スペースまであなたは
人の目を気にすることなく [　　] とのスキンシップを続けます。

あなたは [　　] と一日で一番たくさん会話をします。
先生より [　　] が語る知識を信頼し
家族より [　　] のアドバイスの方に値打ちがあると考えます。

そのうちに、恋愛やその日のコーディネート
不動産のことについてまで [　　] に相談します。
でも相談の内容は役に立つものというよりも
時間を消費するばかりのくだらないものが大半です。

本やTVを見ながらもずっと [　　] を見つめ
親友と真剣に話しているときや
恋人と愛を語り合っているときでさえも
[　　] がどうしているか気になります。

ジェットコースターに乗っているか
両腕にギプスをしていない限り30分に1回は
[　　] がそばにいることを確認します。
[　　] に集中することで他の何もかもに対する集中力を失います。

[　　] が「お腹が空いた！」と言おうものなら
そのときからパニックが始まります。
レベル10の緊急事態であり
なんとしても解決せねばならない大事件の発生です。
あなたは他の重要なことを全て中断し
最も早急な問題：[　　] にご飯を与えることを解決しようとします。

[　　] と一緒にいられないときは
迷子の子どものように一時も気の休まることがありません。
お風呂でさえ [　　] に隣にいてほしいくらいです。

　アインシュタインは100年前すでに
"[　　] が*人間のコミュニケーションを飛び越える
　その日が怖い。世の中は愚者どもの時代になるだろう"
と予言していました。

[　　] に支配されることにより、大切な人の顔を見ながら会話することや
通り過ぎる風景の中に美しいものを見出すことがなくなりました。

それから、[　　] のせいで人間の偉大な発見や
望む人生の指針、そして創造の源となってきた
ひとりきりの時間を楽しめなくなっているのです。

これは危機的状況です。

でも [　　] が与える脅威や損失や不安にもかかわらず
誰も [　　] を責めたり、罰金を科したり、はたまた指名手配したりしません。
何かが間違っていると考えることさえできなくなってしまったのです。

045

あなたが [　　] を消費しているのでしょうか、
[　　] があなたを消費しているのでしょうか？

[　　] への対価として
あなたが2年契約で支払っているのは
単純にお金だけでしょうか？
それとも、もっと重大な代償でしょうか？

依存症になったら
たばこより止めにくいのが [　　] かもしれません。
たばこより害があるのも [　　] かもしれません。

今夜寝る前あなたが最後に見るものが
[　　] ではないようにすること
朝起きて最初に見るものが
[　　] ではないようにすることから
依存症の治療を始めましょう。

そして失っていた、大切なものを取り戻し始めましょう。
難しいけれど決して不可能なことではありません。

信じられないかもしれないけれど
わずか数年前わたしたちは
[　　] がなくたってとても幸せだったのです。

※アインシュタインは科学技術の発展によって
人類のコミュニケーションが失われることを予見していた

HOW TO USE A SMARTPHONE IN A CREATIVE WAY
スマートフォンのかしこい使い方

1. くるみ割り

2. おもし代わり

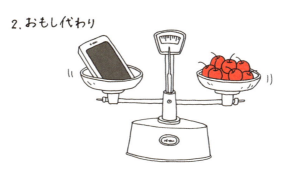

3. 思考をうばわれない程度だけ使う

LOVING.

+

愛と争いを生む男女の1cmの違い

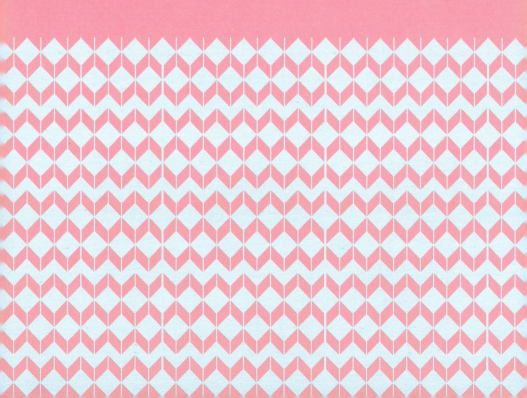

愛という動物

愛という動物は

4本の脚2つの頭

そして

1つの心を持っている。

ひとりじゃできない

- ひとりじゃできないこと -

じゃんけん

デュエット

かたぐるま

キャッチボール

ばば抜き

長電話

かくれんぼ

背くらべ

…いろいろあるけれど

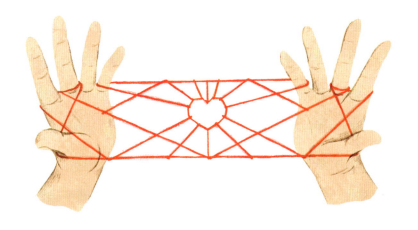

一番ステキな

- ひとりじゃできないこと -

愛し合うこと

悪用禁止

不安をあおってお金を稼ぐ占い師や

見栄を刺激して商品を売るブランド企業や

欲につけこんで儲けるカジノより

さらにタチが悪いのは

恋心や愛情を利用する
不誠実な男または女

短編を書く男 長編を読む女

「明日は約束があるんだ」

(…実は約束があるっていうより、最近君がウザいんだよね。昨日、赤い口紅をしてきた君を見てちょっと笑ったのもそういうことさ。僕が笑った理由がわかんなかったと思うけど、可愛くて笑ったんじゃなく—そう、バカにして笑ったんだよ。赤い口紅って、誰にでも似合うものじゃないだろ？正直、数日前に会わせてくれた君の友達の方が、ずっと僕のタイプなんだ。恋人の友達に優しくするのは礼儀なんて言ったけど、心のおもむくままに行動しただけさ。とにかく今日も明日も約束があるし明後日も、その次の日も約束があると思うよ。誰と会うのかって？頼むからこれ以上束縛しないでくれ。わからないかなあ？別れようってことじゃないか。大丈夫。今わからなくても、すぐにわかるようにしてあげるから…)

男の発する言葉は短編だけど
女がその言葉から想像するのは300ページ以上の長編推理小説だ。
(それも、エンディングは大体ひどい悲劇の)

だから男は面倒でも女が誤解しないよう
親切な注釈を付けなきゃいけない。
(守らないと、後でもっと面倒なことになる)

「明日は約束があるんだ」※

※明日も君に会いたいけど、久しぶりにアメリカから帰って来た
　友達に会うことにしたんだ。あとで必ず連絡するよ！

オンナゴコロ

オンナって
急にできたにきびや目の下のくまのせいで
一日中ブルーになることがある。

だからワタシがいくら憂鬱(ゆううつ)そうでも
アナタのせいばっかりじゃないから
そんなに肩を落とさないで。

けど、ワタシが悲しそうなのは
アナタのせいというときもあるから
あまり気を緩めすぎないでちょうだい。

じゃあ一体どうすればいいのって？
答えはシンプルだ。
ほら、ワタシを抱きしめてみて。

ブルーになっている理由がにきびやくまのせいじゃないなら
抱きしめるアナタに、きっとそれを打ち明けるでしょう。

憂鬱になってる理由がにきびやくまだったとしても
そんなワタシでも抱きしめてくれるアナタがいるなら
きっと大丈夫だって安心できるから。

ひとりぼっち

　　　　空は明るくても心は暗い。
　　　花が咲いたって何の感動もない。
　　人生は何の喜びもなく過ぎていく。

　　　ただ生きていく一日一日。
　　　　　取るに足らない
　　　わずかな時間の連続。

　　　　　いつからだろう?
　　　　ずっとひとりだった。

　　　　　　さびしい僕。
　　　　　失われた愛。

　傷付け合う言葉ももう聞こえない。
　孤独、後悔、悲しみには慣れっこだ。

　　ああ、もうどこにもいないんだ。

WHAT I NEED IS…

マンガ

孤独な空間を
満たしてくれる音楽

1人用炊飯器

ゲーム機

ベッドに変身するソファー

抱き枕

ルームメイトの猫

涙を拭く
ティッシュ

点線で谷折り

じゃない

それが当然だと思っていた。
僕には何も関係のないこと。
そんな考えが、ある瞬間から変わった。

その一日が大事になって

それすらかけがえのないものになった。

たぶん、君を見つけた瞬間から。
だけど、もう君と一緒だ。

はここにはいない。
は生まれ変わった。今度はその愛の主役になる。

聞こえるのは君の温かい声。
そんな風に言っていた僕は

男女Q&A -質問編-

男女によるスカートの認識

女：

レースマキシスカート
シルクのタイトスカート
フラワーマーメイドスカート
森ガールスタイルミモレ丈スカート
スパンコール地クラブ用スカート
アコーディオンベロアスカート

男：

ミニスカートとそうじゃないやつ

& etc.

終わった愛へのアドバイス

思い出は藁(わら)じゃない。
溺れてつかもうとしないこと。

未練は限定グッズじゃない。
大事に残しておかないこと。

その人は紛失物じゃない。
取り戻さないこと。

どんなにあがいても
取り戻せないものだとわかっていれば
少しずつ落ち着いてくる心を
静かに見つめることができるだろう。

進行中の愛では主役だけど
終わった愛では
観客になるべきだ。

男女によるドラマの認識

女：

ラブコメディ　再現ドラマ　ドキュメンタリー
月9　深夜ドラマ　ホラー
スピンオフドラマ　学園もの　海外ドラマ…

男：

スポーツ中継より重要じゃないやつ

& etc.

世界一の脚本家

女友達との何気ないおしゃべりは
あるオンナとの愛あふれる会話に

純粋なやさしさは
秘密を隠すための大げさな親切に

あの日の真剣な告白は
知らないカノジョにもしたナンパなセリフに

私を愛している彼は
私を愛するふりをしている男に

ただの想像は
いつの間にかリアルすぎるフィクションに
書き換えてしまう。

世の中に「疑う気持ち」ほど凄腕(すごうで)の脚本家はいない。

男女によるカレンダーの認識

女：

日差しがぽかぽかな日　雨が降ってサイアクな日　雨あがりのスカッとする日
理由もなく憂鬱な日　なぜか気分がいい日
鏡の中の自分がキレイに見える日　自分に自信がない日
誰かに会いたい日　ひとりでいたい日

男：

スポーツ中継のある日
スポーツ中継のない日
スポーツ中継の次の日

男には難しい問題

難易度
「この前着てたワンピース覚えてる?」

難易度
「どっちが可愛い?」

難易度
「今日は何の日でしょう?」

難易度
「私、いつもとどこか違わない?」

こんな質問が続くと
男はめまいと頭痛を起こす。

美の秘訣

自分を完璧だと思っている人は
完璧にはなれない。

だけど
自分を美しいと思っている女は
いっそう美しくなれる。

男女 Q&A -回答編-

tip

「わたしのこと好き?」という質問にコトバをにごすなら
「NO」とも言わず煙にまくなら
あなたは、彼にとって
どうでもいい女の一人にすぎない可能性が高い。

そんな悪い男は放り出して
聞かなくってもわかるくらい
心と身体であなたに答えを教えてくれる
本物のいい男を探そう!

本物

いい男に見せかけるのは簡単だ

本物のいい男はなかなかいない

MANNER

MANNER

ノアの方舟

ノアの方舟にゾウが乗れたのは
曲芸ができるからではなく
単に「ゾウ」だったから選ばれたのだ。

わたしがあなたと恋に落ちたのは
あなたに何か取り柄があるからじゃなく
ただ「あなた」だったからだ。

どんな条件や状況でもゾウはゾウで
同じようにあなたはあなたで
ゾウが神に選ばれてノアの方舟に乗れたみたいに

あなたもあなただからこそ
わたしは愛し、選んだんだ。

ライフハック

お腹が空いてるときに、コンビニに行かないこと。
ご飯を食べた後、水泳しないこと。
夜中に書いた手紙は、送らないこと。
イライラしてるときは、運転しないこと。

そしてなにより
去る者は追わないこと。

1. 別れ話がややこしくなりそうな時

2. ファスナーを下ろすと

3. 簡単に別れることができます

恋する理由

彼には恋をしなかった。

年上すぎるから。
服のセンスが気に入らないから。
男らしくないから。
浮気症だという噂があるから。
背が低すぎるから。
話し方が魅力的じゃないから。

彼に恋した。

年上すぎるにもかかわらず。
服のセンスが気に入らないにもかかわらず。
男らしくないにもかかわらず。
浮気症だという噂があるにもかかわらず。
背が低すぎるにもかかわらず。
話し方が魅力的じゃないにもかかわらず。

誰かにとって恋に落ちなかった理由は
他の誰かにとってはどうでもいいことかもしれない。

あなたが今、恋愛できないのは短所のせいなんかじゃなく
その短所を大したことないと思ってくれる誰かに
長所こそが大切だと認めてくれる誰かに
まだ出会っていないからだ。

恋愛って出会う人との運次第だ。

男女による初恋の認識

女：

何となく思い出す男 考えてみたら悪い男 だけどやっぱりいい男
よく気がつく男 男らしい男 私を愛していた男 私が愛していた男
結婚するには何かが足りなかった男 結婚すればよかったと思う男

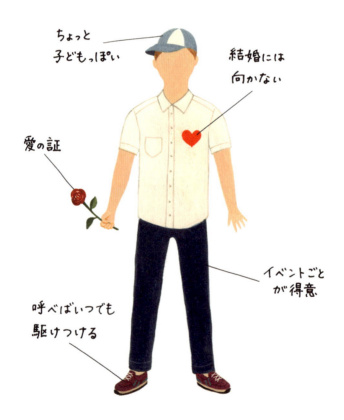

男：

初めての恋

LOVE LXVE

ジェットコースターと
メリーゴーランドの妥協点は
ゴーカート。

ガーリーと
ハンサムの妥協点は
カジュアル。

サハラ砂漠旅行と
シベリアスキー旅行の妥協点は
ラスベガス。

戦争と
平和の妥協点は
休戦。

だったら
愛と別れの妥協点は？

ない。

生死にその中間がないように
「生きるべきか死ぬべきか」と
ハムレットがあんなに
悩んだみたいに

愛するか別れるかの
二者択一があるだけ。

今日も男女は
世界で一番難しい
◯×クイズを前にして
眠れない夜を過ごす。

次の条件を満たす人は？

額の右側にほくろがある。くしゃみに特徴がある。

笑うと唇の左側が上がり、ご飯を食べるとき子どもみたいに夢中になる。

週末は午後2時まで寝ている。

本は途中から読むクセがあり、知らないマンガの本はないくらい。

ペルシャ猫よりショートヘアの猫が好み。

将来男の子が生まれたら腕相撲をしたいと思っている。

音楽はパンクロック好きで

寒い冬に手をつないで歩くのが好き。

それって

あなた、だけ。

愛って

言い換えるなら

「取替不可能」

ってことだ。

動物のオキテ ～オス編～

動物のオスは次の場合において自分を強く見せようとする。

敵と向かい合ったとき
あるいは、メスに魅力的だと思われたいとき。

人間の男は次の場合において自分を強く見せようとする。

敵と向かい合ったとき
あるいは、気になる女性に魅力的だと思われたいとき。

それから、実力ある後輩に追いつかれそうなとき
上司に能力をアピールしたいとき
失敗した弱みを見せたくないとき
緊張してても平気そうに見せたいとき
家族に辛い本心を見せて心配させたくないとき
……
その他、数えきれないくらいのいくつもの場合において。

世の男性がくたくたになってるのも
エナジードリンクがよく売れるのも
こういうことなのだ。

男だってたまにはねぎらわれたい。

Woman's Daily Look

動物のオキテ ～メス編～

動物のメスは次の場合においてすごいガッツを発揮する。

えさを手に入れるとき
あるいは、敵から子どもを守るとき。

人間の女は次の場合においてものすごいガッツを発揮する。

スーパーの食材を手に入れるとき
あるいは、わが子の育児。

それから、仕事も家事も両立させなきゃいけないとき
めんどうなご近所さんとの付き合い
辛い境遇にあるパートナーを励ますとき
家族がなにか悪いことに巻き込まれたとき
しんどくても笑顔でいないといけないとき
……
その他、数えきれないくらいのいくつもの場合において。

世の女性がぐったりしてるのも
クマ隠しのコンシーラーがよく売れるのも
こういうことなのだ。

女だってたまには労（いた）わられたい。

FINDING.

+

こころの奥1cmで起こること

あなたとその人と(おバカな犬それから奥さんと)の問題

あなたとその人の争いの原因はもしかすると
あなたとその人との問題だけじゃなくて
あなたとその人の
不眠症の悩みや
ピーナッツアレルギーや
昔のイヤな思い出や
職場での微妙な立場や
奥さんとの関係や
昨夜読んだ『怒りの美学』というタイトルの本や
恥ずかしいコンプレックスや
家のおバカな犬や
あなたが知らないその他たくさんのこと
との問題なのかも。

昨日のあなたに対するその人の行動や言葉が
全く理解できなくてもそれはある意味でしょうがないことだ。
争いの原因は必ずしもあなたが知っていることじゃない。

だから、誰かの行動や言葉に必要以上に傷つく必要はないし
傷つくだけで何もできないときには
あなたが知らないその人の行動の本当の原因
たとえばピーナッツアレルギーとか
噛み付いてくる飼い犬とか奥さんの小言とかを想像しよう。

ちょっとはマシな気分になれるはずだ。

幸せフォルダーに移動しますか?

思ったより小さな誕生日ケーキ。
ひとりで過ごす金曜の夜。
顔はタイプじゃない人に告白された。
一品だけの夕食のおかず。
あっさり済ませてしまった結婚式。
好みと違うお土産。
期待していたほどではない旅行先。
怪我はしなかった単身事故。
半分だけ入ったグラス。

幸せフォルダーに入れるか不幸フォルダーに入れるか微妙なことは
とりあえず、幸せフォルダーに入れてみよう。
一度入れれば案外馴染(なじ)んで
「あれ、これって幸せかも」と思えるんだ。

はい、プレゼント

死んだネズミ

不可能

「不可能にちがいない」

「絶対にムリ」

そう言われている世の中の大半のことは
ただの刷りこみにすぎない。

※エイミー・マリンズ
1976年、アメリカペンシルベニア州生まれ。生まれつき足のくるぶしから下の骨がなく
その後手術でひざから下を切断。しかし普通の人にとっての逆境を「特性」あるいは
「強み」として捉えた彼女は1996年、アトランタパラリンピックの陸上アメリカ代表となる。
その後はアレキサンダー・マックイーンのファッションショーモデルとして活躍し、ピープル誌の
「世界で最も美しい50人」にも選出された。美しい義足をファッションにするなど
彼女にしかない個性で見る者を魅了し、現在モデル、女優、作家、講演者として活動中。

まぼろしの君

行かなかった合コンには
生涯で一番ステキな人が待ってたはずだ。

通ったことのない反対側の林道は
息をのむほど美しい場所のはずだ。

食べなかったBコースは
Aコースより満足できたはずだ。

成立しなかった契約では
大変な利益が出たはずだ。

買わなかった靴は
クローゼットのどの服とも相性がいいはずだ。

できなかった告白は
間違いなく成功したはずだ。
(あの人は私の恋人になっていたはず)

断ったヘッドハンティングは
充実した生活を
与えてくれたはずだ。

でも本当にそうなのだろうか?

選ばなかったものがよく見えるのは
付き合えなかった初恋の人みたいに
現実ではなく「幻想」の中にいるからではない?

残念なギャップも
イヤなところもなんのリスクもない。
だからこそ完璧でありつづける
ただのまぼろしだ。

「選ばなかった方こそ正解だった」
そう思うことから後悔は始まる。

けれどそれはいつだって幻想にすぎない。

心が痛むばかりのまぼろしを追うのは
もうやめよう。

すぐに → ゆっくりと

心で読んでください。

🍎 謝罪は今すぐに
お祝いはできるだけ急いで🎉
便りは遅れないように
恩返しは遅れたってやろう🌷
⚙ 誤解は焦らずゆっくり解いて
復讐は生涯をかけてじっくり💣
そして愛は
時が止まった後までも❤

他人ごと

他人は
あなたが考えているより
あなたの本性を見抜いていて
けれど
あなたが考えているほど
あなたについて興味がない。

他人の目はごまかせない。
けれどしょせんは他人ごと。

他人の目からは自由になっていい。

手の届かない真理

人はまだ
がんの完全な治療法や
世界の経済をずばり予測するシステム
UFOがあちこちに出没する理由
宇宙がどうやって誕生したのか
そんな、大抵のことについては明らかにできていない。

けれどすでに
温かな愛やいつまでも変わらない友情の存在
転んで起きあがったときその分だけ強くなってることや
転んだ誰かを起こしてあげるのが共に生きることだということ
ちょっとした美味しいものや一曲の良い音楽で気分がずっとよくなること
こんなことについてはよく知っている。

人が本当に幸せになるためには
これらのわずかな真理だけでも十分だ。

世界に革命をもたらす数千の真理は
まだずっと遠く、手の届かない場所にあるけれど
人生におけるいくつかの大切な真理は
もうすでに、そしていつだってわたしたちのそばにある。

ニュー・アンサー

夜型なら
朝の余裕がくれる新鮮さを味わってみる。

ゆったりした散策が好きなら
パラグライダーやラフティングのようなスリリングなレジャーを。

自分に甘すぎるなら
決めた約束ごとを絶対破らない一日を過ごして。

いつも質素な食事ばかりなら
一流シェフのスペシャルコースを予約する。

家に帰るとすぐソファーに座ってTVをつけるなら
トレーニングウェアに着替えて夜のジョギングにGO！

スニーカーしか持っていないなら
ハイヒールを買ってそれから
その靴に似合うファッションにチャレンジする。

学校を卒業して何かを学んでないなら
書道やパンづくり、バリスタスクールに登録してみよう。

同じ道を通る同じ番号のバスに乗るなら
公園通りのいつもと違う道に寄り道してそれから
人生においても同じように歩んでほしい。

今まで「選ばなかった」ものは
つまりは「これから選べる」ものだ。

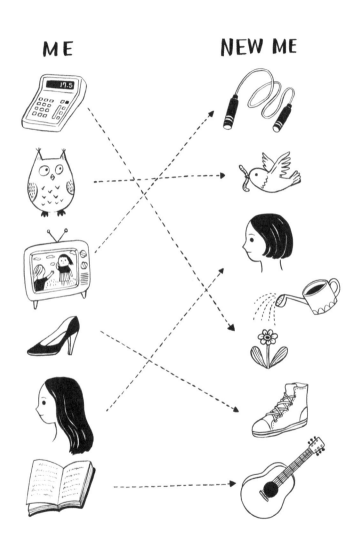

「毎日が同じ。なんか面白いことないかなぁ…」
なんて言いながら何もしていないなら
自分にひとつ新しい選択肢をプレゼントしてみる。
このチャレンジはきっと
他人や環境による変化を待つことなく
ささやかに、あるいはがらっと
あなたの日常を変えてくれるはずだ。

貯金を崩す必要はない。
大げさに準備しなくてもいい。
ただ、ほんの少しの勇気を出すだけ。

これまで隠れていたロマンチストが
旅行家が、美食家が、バリスタが
ファッショニスタが、写真作家が、詩人や画家が
そしてなにより、毎日を楽しみウキウキする
人生を楽しむあなたが目覚めるかも！

それは恋しい誰かに会うことより
ずっと心ときめくできごとになるかもしれないのだ。

毎日ひとつ、いつもと違うことをしてみよう。
それがあなたの人生の「新しい答え」になるかもしれない。

大事なことほど

生まれたばかりの子どもに話しかける
ママの赤ちゃん言葉からは愛が。

ぶっきらぼうに渡されたけれどキレイに
ラッピングされた父の日の祝いからは感謝が。

目が合えば笑ってくれる
親友の顔からは友情が。

こぶしを握りしめて立ち上がる
誰かの姿からは勇気と希望が。

ヘーゲルの難解な『精神現象学』より
サン・テグジュペリのおとぎ話『星の王子さま』のほうが
ときにわたしたちに多くのことを教えてくれるように

大事な思いほど
伝えるのに小難しい言葉は
必要ない。

パーフェクト、じゃなくたって

完璧なあなたは
ただおそれ多いだけだけど

欠点があるあなただからこそ
ずっと親しみやすくて好きなんです

いい感じ
ですよ!

愛と傷

あなたの人生における、脇役の人たちに
むざむざと傷つけられてはいけない。

そんなときは代わりに
人生において大切な役割を担う人たちには
愛され、大事にされていると思い出そう。

顔を合わせたことがあるだけの同僚が悪口を言ったとしても
昔から知っている人はあなたを正しく評価してくれる。

通りすがりの人があなたを突き飛ばして行ってしまっても
助け起こし「大丈夫?」と心配してくれる人がいる。

初対面の人に冷たくされても
そばで温かく思いやってくれる人がいて

ライバルや知らない誰かが
あなたの能力を妬んだり、やる気をそごうとしても
あるがままの姿を信じて愛してくれる人たちがいる。

あなたを、よく知っている大切な人がくれる愛の確かさと
あなたを、よく知りもしない他人が与える痛みは
決して釣り合うことはない。

痛いの痛いのとんでいけ。

心にはもらった愛だけ残そう。

トップ・オブ・ザ・ワールド

高みに行くためには
誰かを踏み台にしていくことで
上りつめる道がある。

けれどもうひとつ
ふわりとひとりで浮かび上がる
そんなやり方もある。

ひとつ目の方法で
戦うのは多くの他人と。

ふたつ目の方法で
戦うのは自分とだけ。

真犯人は

容疑者1. 窓の外の騒音
容疑者2. 胃もたれ
容疑者3. 気持ちのいい日差し

……が仕事を、銀行での電気料金の支払いを
重要なミーティングへの参加を
妨害したというのなら
それはおそらく無実の罪だ。

真犯人は

仕事を、銀行での電気料金の支払いを、重要なミーティングへの参加を
本当はしたくない、だから小さな言い訳を探すあなたの心じゃない？

つまらない言い訳で
やらなきゃいけない大切なことを先延ばしにしているなら
無実の容疑者はまず釈放しよう。

真犯人のあなたの心と向き合い
話をつけるほうが早いのだから。

About Me

星座占いよりも今日をよく言い当てるのは
あなたの昨日の過ごし方。

タロットより未来をよく予見するのは
あなたが持つ将来像。

手相よりあなたをよく語るのは
ひとりでいるときのあなた自身。

昨日の生き方、将来の夢、孤独の楽しみ方のほうが
数億光年離れた星の並び方や
78枚のカードや、手の平の形による統計的確率より
あなたの今日と未来、そしてあなた自身についてよく教えてくれます。

今、なにかに飽き飽きしてたり慰めてほしかったり
心配ごとがあってやきもきしてるのでは?

だから、耳ざわりのいいだけのお告げや
自分のことみたいに思える占いの結果に頼ってしまうだけなのかも。

それで少しでも元気になるなら、気分が良くなるなら
肩の荷が下りるなら、今はまあそれでもいいのです。
でも、これだけは忘れないで。

あなたが本当に求める道とその道に向かう方法は
占いなどではなくあなた自身で見つけるしかないのだ。

結局あなたがあなたを一番よく知っている。

E.T.の本性

今日傷ついたのは
「タクシーの運転手さんは親切なはず」
「親友は忙しくたってわたしの悩みを聞いてくれるはず」
「となりの家の犬はわたしに噛みつかないはず」
「彼氏は下着が見えそうなファッションの女には目もくれないはず」
「あいさつすれば相手も答えてくれるはず」
「人気のお店の料理はおいしいはず」
「メッセンジャーの返信はすぐ来るはず」
「やっと言えた『ごめんなさい』は受け入れられるはず」
こんな、前提のせいだ。

けれどあなたの持ってる常識は他の人とは違うし
期待は手ひどく裏切られるかもしれない。

よく知っていると思ってたものについて
実はなにひとつわかってなかったのかもしれないし

宇宙人はE.T.みたいにフレンドリーだと信じ込んでいたって
ほんとは地球人の敵ばかりなのかもしれない。

世界は広く、人はさまざまで、そしてすべきことはずっと多い。
いちいち決め付けて傷ついてるヒマなんてない。

心の体重計

心にも体重計があって
ときどきそれが指してる目盛りをちゃんとチェックしないといけない。

情熱が重くなって「強欲」を指しているのか

愛が重くなって「執着」を指しているのか

自信が重くなって「高慢(こうまん)」を指しているのか

余裕が重くなって「怠惰(たいだ)」を指しているのか

自分への甘さが重くなって「言い訳」を指しているのか

悲しみが重くなって「憂鬱」を指しているのか

主観が重くなって「独りよがり」を指しているのか

恐れが重くなって「逃げ」を指しているのか

心がなんだか重いと感じるときは
一度、その体重計を見るようにしよう。

心にもダイエットが必要です。

孤独な問い

人生の節目で、人は必ず孤独な質問をする。
それは他の誰にも答えを訊くことができず
自分ひとりで答えを出さなければならない問いかけだ。

私は彼を本当に愛している？
10年後にもこの仕事をしている？
こちらとあちら、どちらを選ぶべき？
今向かっている方向は正しい？
毎日が幸せじゃない理由は何？

孤独な問いをする間、人はもんもんと悩み
眠れず、ご飯も食べられなくなる。
問うことで、人生は結局、ひとりで生まれ
ひとりで死ぬものなのだと感じるだろう。

だけど
それだけじゃない。

孤独な問いのおかげで
人は正しい答えを得て
夢を叶え
本当の自分を見つける。
答えを出したとき
全てにおいて
より逞(たくま)しくなっている。

辛く寂しい質問から逃げずに
自分に繰り返し問い続けることは
知ったかぶりで誤った道を選ぶことなく
求める道に正しく進んでいく唯一の方法だ。

灯台は孤独にたたずんでいるけど
進むべき道をまっすぐ照らしてくれる。
孤独な質問もまた同じだ。

心のカーテン

　誰の心にも、カーテンがある。
　そのカーテンを引いちゃうと
　やることを後回しにしてだらだらTVを見たり
　貯金がピンチでもキリなくネットショッピングをしたり
　　ダイエット中にケーキやラーメンをいっぱい食べたり
　　試験前日なのにゲームにハマったりする。

　　このカーテンは、一見ただの息抜きにも似てる。
　　でも、息抜きは「楽しくなる」ためのものだけど
　　　心のカーテンは「苦しみから目をそむける」ためのものだ。
　　なんの意味もなくただ疲れることばかりなのに
　　始めるときだけはリモコンのボタンを押すみたいに
　　それこそ、カーテンをシャッと引くときみたいにラクなものばかり。

　　重苦しい悩みや解決しなきゃいけない課題は
　一瞬見えなくなってまるでなくなったみたいに感じる。
でも時間が経つとカーテンの向こう側に
向き合う勇気はだんだんなくなり
不安だけがどんどん大きくなる。

　ひとつだけいい点もある。
　　落ち着いて考えられるようになるってことだ。
　　　でも、それはほんの少しの時間で十分。

次のページにつづく☞

もしも今、意味のない行動を止められないなら
心のカーテンを無意識のうちに
引いていないか疑おう。

向こう側には何があるのか
きちんと見なきゃいけない。

カーテンを開け、日差しを入れよう。
縮こまっていた体と心を動かし
すみずみまで大掃除を始めよう。

掃除は面倒だけど
心配や問題をキレイに分別して片付ければ
もうカーテンを引く必要なんてない
明るい部屋が完成する。

そうすればきっと力あふれるその場所で
テレビを見たりネットショッピングしたり
はたまたおやつを食べたりゲームするよりもずっと
意味も価値もあることが
できるようになるはずだ。

ありのまMe

キャラなんて作らず
本音で語って

ダイエットばかりせず
食べたいものをじっくり味わう

整形や厚化粧なんてせず
持って生まれた顔を愛して

肩書きになど固執せず
本当にやりたいことを始める

他人に見せるためのわたしで生きてきたなら
そろそろ、ありのままのわたしで生きてみよう。

美しく年を重ねるための
美しい方法。

ボリューム調節

世の中にはさまざまな音が存在するけど
他の音より大事な音というものがある。

将軍が叫ぶ「突撃」は、ラッパの行進曲より大きくなくてはいけないし
音楽会での観客の咳ばらいは、ピアノの演奏より小さくなくてはいけない。

ドラマでは主役の台詞より、BGMが大きくてはいけないし
外の騒音よりお母さんの子守歌は小さくてはいけない。

心の中にも多くの声が存在していて
他の声よりも重要な声というものがある。

「もう終わりだ」と「もう一回やってみよう」
「なんだか不安だ」と「良い予感がするぞ」
「私はダメ人間だから…」と「自分を信じてみるか」

希望と絶望を語る声のうち
思わずついて行きたくなるのはどっちだろう？
人生を望む方向に引っ張ってくれるのは？

心の声に耳を傾けよう。その上で

ある声にはもっと小さく
ある声にはもっと大きく
ボリューム調節が必要だ。

憎しみを捨てる方法

あなたを苦しめる人にも
その人を苦しめるものが絶対ある。
（もしかしたら、それはあなたが感じる以上の苦しみかも）

わたしだけが、なんて悔しがる必要はない。

思いやりブーメラン

あなたが今日、誰かに慰めてもらえるのは
涙を流しているからではなく
今まで誰かを笑顔にしてきたからだ。

辛いとき自分自身に返ってくるのは
それまで生きてきた姿、そのものなのだ。

昨日のボクが今日のボクを
抱きしめている

これは内緒なんだけど… （秘密に関する小さな考察）

1.

ネットでパスワードを作るときは
アルファベットと数字の複雑な組み合わせで
情報を徹底的に保護するのに本当に知られちゃいけない秘密には
「これは内緒なんだけど…」なんて単純な言葉の組み合わせだけで
安全だという気になってしまう。

2.

主人公の秘密をテーマにした連続ドラマでは
その真相は最終話でしか暴かれない。
けれど、現実では真実が明らかになるのに
12話分の時間なんていらないことが多い。
人間は、根本的に他人と秘密を共有したくなる動物だ。
つい、相手は自分みたいな
「口が軽いタイプ」じゃないからなんて
根拠のない信頼をしてない？

3.
忘れてしまいがちだけれど
秘密が漏れるのは
信頼より記憶や注意力の問題だってこともある。

本当は口がかたい人でも
秘密の内容を覚えている代わりに
「これは内緒なんだけど…」という言葉を
うっかり取り落としてるケースもたくさんある。

「実は右のお尻に直径3cmのほくろがあるんだ」みたいな
バレても苦笑いですませられるような秘密じゃなくて
自分や他人に致命的な傷を作るものなら

相手が信用できるかどうかは置いておき
自分自身にまず聞こう

本当に
喋りたいキモチ＞漏れたときのリスク
なの？

それでも話したいとき→1.に戻る

結果、「これは内緒なんだけど…」から少しも経たずに
秘密は秘密なんかじゃない
ただの噂話になってしまうかもしれないけれど。

これは内緒
なんだけど…
ボクの目は
とてもつぶらで
可愛くって…

魔が差す

一瞬の怒り、一瞬のあやまち、一瞬の動揺、一瞬のあきらめ、一瞬の欲望……。

あなたを誘惑する悪魔がやってくるのは、いつもほんのわずかな時間だけ。

けれど、その一瞬を支配されることは全てを支配されることだ。

人は弱く、一瞬に惑わされて多くを失ってしまう。

誘惑は一瞬にしかすぎないと気付こう。

そのほんのわずかな時間に耐えぬくことができれば

心にも人生にも

魔ではなく光が差す。

To-Do リスト

「やらなきゃいけないこと」って、いくらでもある。

ネット購入したロードバイクのサイトで商品評価をつけること
１週間後の健康診断のため検査の流れを読んでおくこと
毎朝飲むスムージーの代金２ヶ月分を振り込むこと
数日前ヘッドハンティングされた会社に履歴書を作って送ること
クリーニング屋に出したシャツを取りに行くこと
パソコンがウイルス感染していないか定期的にチェックすること

だからこそ、「やらなきゃいけないこと」が多すぎて
「やりたいこと」は埋もれて忘れられる。

週末に思いきって北海道に旅行すること
10日に一度は友達と夕食を共にし気楽におしゃべりすること
寝る前に好きな作家の新刊を何ページか読むこと
こまめな水やりが必要な、手のかかるシクラメンを育てること
机の整理をしながら、昔の写真を見て思い出にひたること
諦めちゃったけど、また挑戦できるかもしれない夢について考えてみること

わたしが「やりたいこと」は
スムージー店のお姉さんも
病院の健康診断担当の看護師も
アップル社だって教えてくれない。
わたしだけが知っている。

だからたまには「やらなきゃいけない」と言う周りの声ではなく
わたし自身の声に耳を傾けてみる。声の通りに動いてみる。
そうしたら、どんなに小さなことだって

ロードバイクに星4つを付けたとき
検査の流れを全ページ読み通したとき
履歴書を1時間かけて書き終えたとき

とは全く違う
比べものにならないくらいの大きな幸せを
間違いなく感じるはずだ。

明日、地球が滅亡するって世間が騒いでも
今日、私は大事なシクラメンに水をやる

魔法の言葉 呪いの言葉

世の中には、魔法の言葉と呪いの言葉が存在する。

魔法の言葉は
「愛してる」
「ありがとう、あなたのおかげです」
「お先にどうぞ」
「うちの奥さんって最高の人なんだ」
「絶対に大丈夫だよ」
「君の声ってほんとステキ」
「素晴らしいアイデアだ」
など、さまざま。

呪いの言葉も色々だけど
嫌な気持ちになりたくないのでここでは省略。

人生では両方の言葉をよく耳にする。
元気になれる魔法の言葉はいつも聞きたいし
げんなりする呪いの言葉はいつだって聞きたくない。

けれど皮肉なことに、頭に残るのは呪いの言葉のほうが多い。
まるで「ゾウが踏んでも壊れない！」のキャッチコピーみたいに
頭にこびりついてしまうこともある。
そんなときは、深呼吸を3回。
この言葉を胸にとどめる必要なんてないときちんと割りきろう。

世界には魔法の言葉と呪いの言葉の両方がたしかにあるけれど
その中から必要なものだけをわたし自身で選択できる
そのことを忘れているだけなんだ。

大好きな人たちからの言葉は、格言のように胸に刻み
いじめっ子の言葉は、くだらないダジャレのように聞き流そう。

呪いの言葉なんてわたし自身とは全く関係なく
その言葉を吐いた人に返っていくもの。

「愛してる」
「ありがとう、あなたのおかげです」
「お先にどうぞ」
「うちの奥さんって最高の人なんだ」
「絶対に大丈夫だよ」
「君の声ってほんとステキ」
「素晴らしいアイデアだ」

魔法の言葉はわたしに届いて
ちゃんとわたしの糧(かて)になる。

今まで、どんな言葉を選択していただろう？
無意識に呪いの言葉ばかり選んでいたなら
これからは魔法の言葉を選んでいこう。
毎日、わたしに素敵な魔法をかけよう。

他人が言った言葉でも
わたしを生かすのも殺すのも
わたし次第なんだ。

RELAXING.

+

忙しいときほどあと1cmの余裕が必要だ

Once a Week

1週間に一度は
サボテンにだって水をやるくせに
なぜ大事な人には1週間に一度も
「愛している」と言えないんだろう?

その人はサボテンよりも大切で
そのひとことは水やりよりも簡単だというのに。

「サボテンを育てるのに忙しくて」
なんて苦しい言い訳はもうやめようよ。

なくしもの

飼い犬をなくすこと
カバンをなくすこと
恋人をなくすこと
友人とお金をいっぺんになくすこと
パスポートをなくすこと
3日寝ないで作った書類をなくすこと
これらはなくすとすぐにわかる。

ユーモアセンスをなくすこと
純粋さをなくすこと
人生に対する好奇心をなくすこと
信仰をなくすこと
そばにいる人への感謝をなくすこと
好きだった自分をなくすこと
これらはなくしてもわからないことが多い。

なくしたときすぐにわかるものより
なくしても気づかないものの方が
本当は人生において重要な
絶対になくしてはいけないものかもしれない。

ときどき時間をつくって過去と心をよく探し
何か大切なものをいつの間にかなくしてはいないか
きちんと確かめなければならない。

Lost & Found List

		LOST	FOUND
Smile		☐	☐
Belief in god		☐	☐
Curiosity		☐	☐
Sense of humor		☐	☐
Purity		☐	☐
Composure		☐	☐
Passion for life		☐	☐

不都合な真実

司会者：「最高速度マッハ2.04の旅客機、さっと溶ける液体洗剤、注文当日に配送されるネット書店、エスカレーター、24時間営業のコンビニ、ロケットすら超える高速インターネット…これらの登場で世の中はどんどん速くなり、ムダな時間を短縮できるようになりました。では、ここで問題！節約した分の時間で私たちができるようになったことは何でしょう！」

観客1：「うーん、人生の大事なことをじっくり考える？」

効果音：「ブーッ！」

観客2：「じゃあ、愛する人との会話？」

効果音：「ブーッ！」

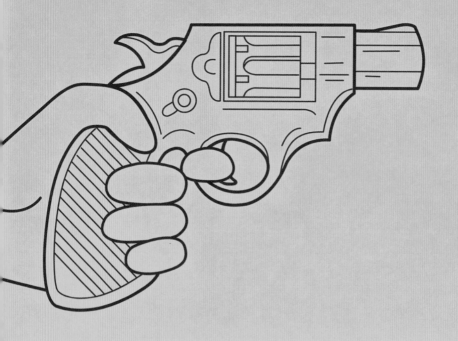

観客3：「まさか…残業したり、だらだらテレビを観たり？」

効果音：「ピンポンピンポーン！」

司会者：「正解で〜す！もっと！もっと！速い世の中をつくるために残業をしてけれどその後のわずかな時間でできるのは、ぽーっとテレビを観ることくらい！なんのための時間の節約なんでしょう？さて、正解者には景品として最新のLEDテレビと、疲れ目に優しいドイツ製電気スタンドをプレゼント。また、番組をご覧いただいた全ての方に残業できるようにビタミン剤を差しあげま〜す！」

怒っていいのは

ささいな理由で怒ってもいいのは
自分が完全無欠なとき
停電で自分の顔が相手に見えないとき
生まれつき怒った顔の人であるとき
怒りんぼコンテスト代表選手のとき
あるいは嬉しいときに怒った顔をする
不思議の国の住人であるときだけ許される。

つまり
怒りを顔に出していいことがあるときなんて、めったにない。

深刻でどうしようもない事情があるなら
あなたが怒っているのを見て周りも同情してくれるかもしれない。
でも、ちょっとしたことにイライラしてばかりいるのは
自分の心のせまさをさらけ出すだけだ。

怒りをかくす方が、ずっと上手(うわて)だよ。

全世界怒りんぼ選手権

幸せの基準

現代の幸せを決める要素をあげてみるとちょっとヘンな感じがする。

シートのリクライニング可能な角度
会議室の席次
持っているバッグの生産国
靴の底に書かれている文字
家にあるバスルームの数

つまりは

ビジネスかエコノミーか
上司か部下か
原産国イタリアかメイド・イン・チャイナか
ルブタンかノーブランドか
豪邸か安アパートか

わずか数百年前にはこんなことは幸せの基準ではなかった。
これらは、競争本能や優越感をあおるだけの人工的な幸せで
「他と比べて」幸せかどうかが数字やラベルで測られる。

多くを持っていたってもっと多くを持っている誰かが現れれば
たちまち不幸だと感じるようになる。

幸せそのものが競争なのだ。

けれど世の中にはこんな幸せもある。

ひたすらのんびりする時間
目に美しい花や草木
大好きな人たちからの愛情
すっかり健康になった身体
おいしい食事

これらは、人の本能で感じる幸せで
「他と比べてどうか」の数字もラベルも関係ない。
数百年前でも同じように幸せとみなされていて
たぶんずっと先、数百年後でも同じだろう。

わたしたちはつい
幸せを他人と競って追いかけがちだ。
でも、それだけを求めると
心の底から感じる自然な幸せを忘れてしまい
永遠に満たされなくなってしまうだろう。

あなたは今
どんな幸せを感じながら生きている？

演出上の一例

ただのTシャツなんかじゃなく
「シンプルなネックラインと高級感のある素材
どんな服にも合うのでデイリー使いにもぴったりなTシャツ」

ただのパンツなんかじゃなく
「ぎっしりと存在感あるスタッズが打ち込まれた
自由な魂を刺激し本当の自分を開放してくれるパンツ」

ただのジャケットなんかじゃなく
「歴史あるブランドの崇高(すうこう)な感性が感じられる
レトロなナチュラルデニムのジャケット」

でも、3日後に宅配便でやってきたのは
間違いなく
ただのTシャツ
ただのパンツ
ただのジャケット。

ネットショッピングをするときには、こんな警告文を思い出そう。

「理想と現実はかけ離れているものです」
「期待しすぎると精神衛生上よくありません」
「演出上の一例です」

(インスタントラーメンのパッケージ写真の
てんこ盛りの具材とともに書かれた「調理例」みたいに！)

明日の降福確率

宝くじの1等と2等に同時当選
その翌週にスクラッチロトに当選
窓から入ってきた鳥が偶然ダイヤの指輪を落としていく
物置から国宝級の陶磁器(とうじき)を発見
同じ日に屋根裏で高名な画家の絵画も発掘
彼がリムジンとホテルを貸し切ってバースデーイベントをしてくれる
大統領から私信が届き、一緒に夕食を取りたいと誘われる
新星を発見して科学雑誌や新聞に世紀の発見と書き立てられる
この前拾ってきたネコが実はしゃべるネコで
マスコミのスポットライトを浴びて有名になる

……なんてことが人生にどのくらいの確率で起きるだろう?

一生に一度起こるかわからない奇跡のために
喜ばなかったり、楽しまなかったり、感動しなかったり
あるいは仏頂面(ぶっちょうづら)でいるくらいなら
ちょっとの幸運にもよく喜び、楽しみ、感動して
満面の笑みで人生を謳歌(おうか)したほうがきっといい。

しゃべるネコって初めてニャ〜

朝の悲鳴

God,
~~Good~~ morning!

(ヤバい！朝だ！)

終電1分前

Ａランチのパスタを食べながら
Ｂランチのカレーのことを思い

今の彼に会いながら
昔の彼を恋しがり

歌を習いながら
ダンスが下手なことに悩み

山に遊びに来て
海が見たいと思うなら

終電ぎりぎりに駅に走って駆けこんだ
残業続きのサラリーマンより災難
なのかもしれない。

少なくとも彼は走ってる間
終電の時間以外のことに
心を悩ませるなんてきっとない。

いつだって、今目の前にあるものに集中すること。
悩むのはそれからだ。

処方箋　その1

頭が爆発しそうなイライラ

解けない宿題

浮かばないインスピレーション

一難去ってまた一難の新規プロジェクト

処方箋

散歩してみよう。
すがすがしい空気、目にあざやかな緑、そして軽い運動は
脳内の幸福物質を活発にする。
気分もリフレッシュするはずだ。

問題そのものをどうにも変えられないなら
解決する方法と場所を変えてみよう。
自分を机の前に縛りつけるのはやめたほうがいい。

お風呂で世界を革命する原理を発見したアルキメデスみたいに
答えって意外な場所で浮かぶものだ。

処方箋　その2

身を引き裂かれるようなかなしみ

大好きだった彼と別れた。
心が半分になったみたいに痛む。
この先、他の人を愛することなんて
できるようになるんだろうか･･･。

処方箋

プラナリアがいい例だ

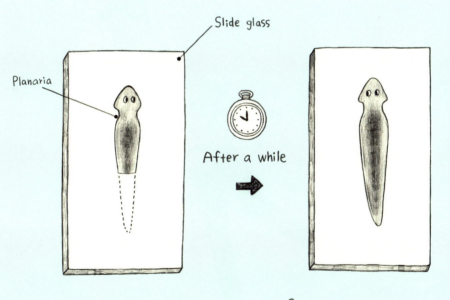

処方箋　その3

止まらない絶望

人生の下降地点

処方箋

長い目で見れば
上昇する過程の一地点

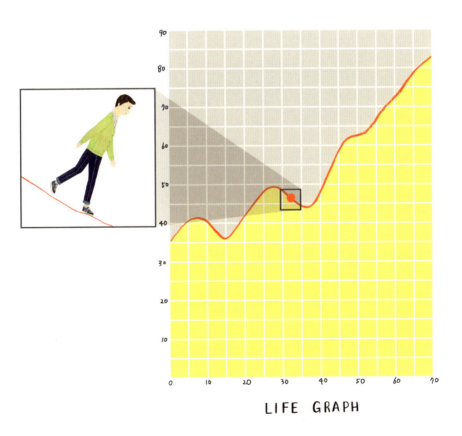

LIFE GRAPH

処方箋　その4

慢性的な疲労

眠れなくて疲れてる。
ぐっすり寝ても疲れてる。

仕事が多すぎて疲れてる。
仕事がやっと終わったけど疲れてる。

コーヒーを飲まなかったので疲れてる。
コーヒーを飲んでも疲れが取れない。

月曜日だから疲れてる。
火曜日だから疲れてる。
水曜日だから疲れてる。
木曜日だから疲れてる。
金曜日だから疲れてる。

処方箋

好きな歌手のコンサートは疲れない。
映画に夢中になってると疲れない。
愛する恋人とのデートは疲れない。
趣味を楽しんでいるときは疲れない。

365日ずーっと疲れが取れないというのは
本当はやりたくないことをしているからかも。

コーヒーやエナジードリンクに頼らず
徹夜したってぜんぜん疲れを感じないくらいの
「大好き」を探してみよう。

Special Pages

このページは
特殊インクで
印刷されており
室内の明かりではなく太陽光を
10分間当てると
本文が現れます。

太陽を当てたら次のページへ

さて、前ページで太陽の光を当てました？
それとも「後でいいや」とページをめくりました？
それとも気づいてしまいましたか？
実は、読者ドッキリでした。
（太陽光に当てても文字は現れません！ごめんなさい）

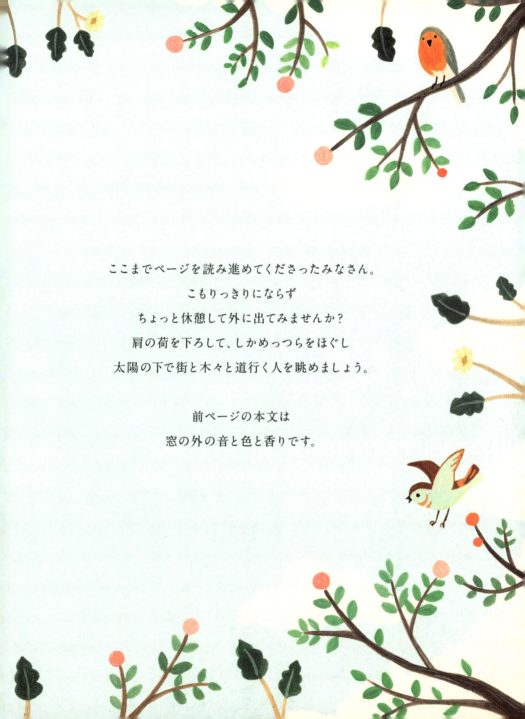

ここまでページを読み進めてくださったみなさん。
こもりっきりにならず
ちょっと休憩して外に出てみませんか？
肩の荷を下ろして、しかめっつらをほぐし
太陽の下で街と木々と道行く人を眺めましょう。

前ページの本文は
窓の外の音と色と香りです。

接触禁止仮処分

嬉しいことの中から、どうしてか不安を見出す人

幸福な思い出のうちの、わずかな不幸に焦点を当てる人

楽しい食卓で、ケンカになる話をわざわざ持ち出す人

世の中の全ては、バッドエンドだと思っている人

人の価値を、損得で考える人

2人以上で集まると、すぐに誰かの悪口を言う人

一見愛想よくふるまうのに、かげで他人の足をひっぱろうとする人

こういう人を遠ざけて
こういう人と仲のいい人を遠ざけて

何より
わたしの中のこういう人の部分を一番遠ざけよう。

ショッピングの矛盾

配送費の３千円をケチって
２万円のTシャツを追加で買っちゃったり

安い物はさらに値引きを待ってから買うのに
高い物は衝動的に買ってしまったり

バーゲンではお金を使ってるのに
節約できたように感じたり

欲しかったブランドバッグを我慢する代わりに
他のものをその値段以上に買っちゃったり

これが今シーズン最後の買い物じゃないと知っているくせに
「最後にするから大丈夫」なんてひとり呟いて納得したり

明日からダイエットしようって
毎日本気で信じこむみたいに
矛盾を矛盾と呼べないまま
いや、あえて呼ばないまま
明日も間違いなく繰り返す

ショッピングの矛盾

安いから買った物

高くて買えなかったバッグ

世界の危機

深刻な顔でうつむくあなた
ヒステリックになっているあなたに
魔法の呪文をプレゼント。

絶望的状況で心配ごとだらけのとき、心の中で唱えると
カチカチになった肩と眉間のシワを多少和らげ
深呼吸ができるようになる。

さあ、思いっきりクールな表情を用意して
この呪文を後に続いて読んでください。

(さん、はい)

**これで世界が終わるわけでもないのに
そんなに深刻になる必要ないじゃない。**

例えばこんな風に使えます。

あと数時間で会議なのに、忙しくて準備が全然できていない。どうしよう?
「これで世界が終わるわけでもないのに、そんなに深刻になる必要ないじゃない」

試験の答えはAだろうか、A-1、あるいはA-2?それともA-2-1かな?どれが正解?!
「これで世界が終わるわけでもないのに、そんなに深刻になる必要ないじゃない」

4時間かけて作ったレポートを全部消しちゃった!!
「これで世界が終わるわけでもないのに、そんなに深刻になる必要ないじゃない」

昨日売った株価がぐんと上がった。おまけに風邪で熱もぐんと上がった。
「これで世界が終わるわけでもないのに、そんなに深刻になる必要ないじゃない」

バカンス先で帰国しなきゃいけない急な仕事を頼まれた。どうしよう？
「これで世界が終わるわけでもないのに、そんなに深刻になる必要ないじゃない」

同僚に手柄を横取りされた。悔しくて眠れない。
「これで世界が終わるわけでもないのに、そんなに深刻になる必要ないじゃない」

あのとき彼にああ言えば良かったのに。なんで黙ってたの、もうわたしのバカ！
「これで世界が終わるわけでもないのに、そんなに深刻になる必要ないじゃない」

ぱっと見、無責任かもしれないけれど
口先だけでも余裕をつくると本当に気持ちがラクになり
危機を脱するチャンスが生まれます。

いつだって落ち着いて考えた方が
正しい判断ができるのです。

もしも今
息もできないくらいひどいストレスを感じてるなら

もう一度
魔法の呪文を唱えてみましょう。

これで世界が終わるわけでもないのに
そんなに深刻になる必要ないじゃない。

世界の危機を救うスーパーヒーローでさえ
いつも深刻だったわけじゃない！

BEFORE

注：ただし、この言葉を口に出して他の人に言うのはやめましょう。
世界の終わりにはならないでしょうが、あなたのキャリアと人間関係を終わらせかねません。

~悪い例~

上司：失敗は誰にでもつきものだ。
　　　ただし、取引先に提出する反省報告書はしっかり書いてくれよ。
　　　会社のこれからに影響する大事な報告書だ、くれぐれも気を抜かないようにな。
部下：いやあ、これで世界が終わるわけじゃないんだから
　　　そんなに深刻になる必要ないじゃないですか！
上司：今すぐ帰っていいぞ。そしてもう来なくていい。

AFTER

現実行きチケット

わたしたちはバスの座席、オフィスの椅子
またはリビングのソファーに座っていたって
いつもどこかへ休みなく旅行している。

やり直したいミスを犯した場所
言ってはいけないことを言ってしまった場所
AじゃなくBを選択すべきだった場所
想像するだけでも緊張して胃が痛くなる場所
心配していた通りのことが起きるだろう場所
二度と戻れない過去のあの場所
今はまだ行くことができない未来のその場所へ

頭の中で飛んで行っては
後悔と不安を胸に刻んで、怯えている。

一方でわたしたちは
空想ではなく自分の足で旅行をしながら多くのものを目にし
とある心地のいい場所を見つけたりもする。

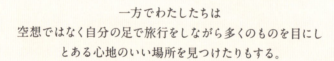

エキゾチックな香辛料が目と鼻を刺激する場所
噴水から飛び散る水しぶきが冷たく頬に触れる場所
たくさんの熱気球が空に映えて小さな風船みたいに見える場所
初めて味わう鯖サンドが口に合う場所

過去でも未来でもなく、今わたしがいる「この場所」で
見て聞いて味わい、そして感じる。

過去や未来ばかりに旅立って
気分を悪くしてるくらいなら
ラクダに揺られて気分が悪くなったほうがずっとマシだ。

自分の体が触れている現実を全力で楽しむこと
休息すること
そしてエネルギーを得ること。
頭じゃなく体でする旅行だから可能なことだ。

さあ、出発の時間だ。
土曜の午後1時20分、トルコ行きの飛行機は
過去でも、未来でも、ホグワーツでもない

現実の世界で旅立つ。

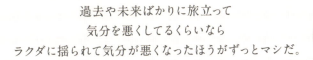
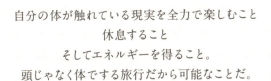

GETTING CLOSER.

+

お互いに1cm近づいて

親友

作り笑いをして気さくな人だと証明しなくていいし
親切の押し売りで優しい人のふりをしなくていい。

魅力的だとアピールするためにクローゼットの前で
何時間も服を選ばなくていいし
人生で何十回も修正してきたプロフィールを話さなくていい。

わたしについての噂の真相を
辛い思いをして明らかにしなくてもいいし
おでこにある目立つ傷あとの理由を明かさなくてもいい。

今話している男が何人目の彼氏なのか付け足さなくてもいいし
辛くて落ち込んでるのか
落ち込んでるから辛いのか言葉にしなくてもいい。

説明しなくても理解してもらえて理解されるから慰められる。

親友だからこそできること。

人気投票1位

子どもの頃読んだ童話の中のパトラッシュ
一時期大流行した豆しば
アニメの名犬ラッシー
ギネス記録を持つサバンナキャット
188年以上続く伝統のドッグショーで優勝したチャウチャウ犬

素敵なペットなんて世の中にいっぱいいるけど
一番大きな喜びをくれるのはうちのポチ。

世界で最も影響力のある100人の中の1人Y君
「バラエティアイドル」と言われるトップスターN君
甘いボイスのS君
フランスのファッション誌が選んだ一番美しい俳優O君
ロマンティックコメディ王F君

素敵な男性なんて世の中にいっぱいいるけど
人生で一番大きな意味を持つのは
わたしが今、肩にもたれているあなた。

大事なものは近くにあります。近くにあるから大事です。

BEST PICK ①

BEST PICK ②

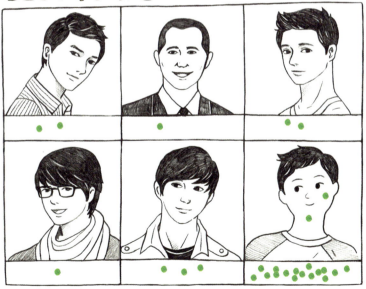

ウォーミングアップ

「やってみる！」とひとこと言うのにウォーミングアップは必要ない。
「愛してる」と想いを伝えるのにウォーミングアップは必要ない。

「あなたの味方だよ」と抱きしめてあげるとき
「おつかれさま」そう、背中を叩いてあげるとき
「本当に感謝してます」なんて握手を求めるときに
ウォーミングアップは必要ない。

それでもボクらは冷たく深い水の中に飛び込む前に
念入りにウォーミングアップするみたいに

心臓に負担がかかるんじゃないか
関節をひねるんじゃないか
失敗して人に笑われるんじゃないか
なんてぐずぐず迷ったあげく、タイミングを逃す。

わかり合えたはずの心
少しは減らせたはずの悲しみ
もっと大きくできたはずの喜びを逃してしまう。
ボクらは水泳選手じゃない。他人の心はプールじゃない。

相手の心の中に飛び込むのにウォーミングアップなんて必要ない。
ただ、心からのひとことだけで十分だ。

1.

2.

3.

4.

5. さあ、準備ができたから抱きしめてあげる

?

きみはペット

愛されるペットと
手ひどく扱われるペットの違いは
確実にある。

それは
可愛い　可愛くない
人なつっこい　人ぎらい
珍しい種　ありふれた種
血統書付き　雑種
聞き分けが良い　少しのろま

…という違いではない。

違いはただひとつ
どんな人が飼い主かということ。

出会いは必然

But、新婚早々、初恋の人に近所のスーパーで会っても気づいてもらえない悲しい現実

Before　　　　　After

運命の神さまはいたずら好きだから
避けられない場面で苦手な人とばったり会ったり
新婚早々、初恋の人に近所のスーパーで出会わせたり
後味の悪い別れ方をした合コン相手に
転職した会社で再会させたりする。

今日の別れは未来の新たな出会いになるかもしれない。

だから誰かに
恩を受けたら
何かを借りたら
あやまちをおかしたら
そのままにしないで一括払いで片を付けておくこと。

思いもしなかった頃になって高い利息と一緒に
返さなければならなくなるかもしれないから。

おあずけ

『白雪姫』の毒リンゴよりたちが悪いのは
あげる予定もないただのおあずけ。

毒リンゴをかじったってお姫さまには変わりないけど
おあずけは人を奴隷(どれい)にする。

毒リンゴは体を害するけれど
おあずけは心にも毒を回す。

毒リンゴは王子様のキスで解毒するけど
おあずけには解毒剤がない。

毒リンゴは童話の中のお話だけど
おあずけは残酷な現実の話だ。

おあずけをすることで
誰かを利用したり、誘惑しないこと。

毒リンゴを作った魔女がお妃さまの座を追われたように
あげる気のないおあずけでたぶらかした者は
誰かの心から締め出される。

目の前の利益を得るかわりに
永遠に信頼を失ってもいいのなら
おあずけを使えばいい。

おあずけは、それを利用した者に
ムチとなって戻って来る。

心の根っこ

他人への強い憎しみの根は
自分の心に張っていくものだ。

荒れ果てて乾いていくのは
憎い相手ではなく
憎しみを持ったあなたの心だ。

警告の赤

子どもの頃
赤信号には気をつけなさいと教わった。
大人になってからは
サッカー中継のレッドカードに息を殺す。

だからだろうか。
はっと目を引く赤色みたいに
他の全ての警告も、目につくものだろうと思ってる。
でも、危険を知らせるものは必ずしも赤じゃない。

低い声
無表情
落ち着きはらった仕草
むしろ青を感じさせるような
静かなまなざし

こんな自然な、普段とほとんど同じように思える
（敏感な人ならようやっと気づくかもしれない）
ちょっとした変化が
人間関係では赤の警告代わりになりうる。

さらに怖いのは、なんの違和すらもないこと。
容器が見つからず、空のペットボトルに
とりあえず入れておいた漂白洗剤みたいに
疑いもせずに飲みこんだときには

すでに取り返しのつかないことに
なっているかもしれない。

その人はあなたに向かって
いつもと同じ顔で笑いながら

「これで最後だね」
または
「YOU OUT！」

なんて
心の中で言っているかもしれない。

信号をわたるときは
赤信号の後は間違いなく青信号になるけれど

レッドカードを出された選手は
また他の試合で走ることができるけれど

人間関係の危険表示は
警告にすらも気づけずに
そこで永遠に「OUT」になるようなことだってある。

警告は、かならずしも赤じゃない。

本当によくよく
相手の心に耳を傾けることが必要なんだ。

黒と白

黒と白は正反対ってわけじゃない。
無彩色っていう共通点もある。

一見、正反対に見えるふたりにも
通ずる部分はあるかもしれない。

容量オーバー

人の本質は
いくつかのコトバの枠には
収まりきらない。

特に、悪口だけを鵜呑(うの)みにしないように。
容量の小さいそのコトバの中には
その人の長所や、価値観や
夢や、興味深い話は入っていません。

他人の口から聞けなかったコトバこそ
その人の本当の姿を語るものなのだ。

Hide & Seek

印鑑
去年の春に着ていたワンピース
この前使って余った便箋
メジャー
数カ月前に撮った証明写真
パスポート

長い間、存在すら忘れていたのに
必要なときだけ探して使おうとする私たちに
彼らはいじわるしているのかも。

だからときどきすっかり隠れて
見つけられなくなってしまうのかもしれない。

人だって同じだ。

必要なときだけ会うようなことはせずに
会いたいときにはいつだって会おう。

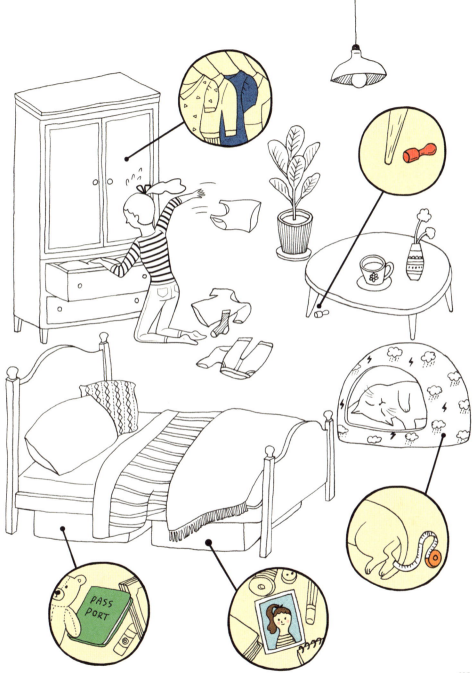

幸せ貯金

質問1. ここ2週間で幸せいっぱいだったことは？
質問2. ここ2週間で誰かを幸せいっぱいにしたことは？

質問1. ここ2週間で大笑いしたことは？
質問2. ここ2週間で誰かを大笑いさせたことは？

質問1の答えがNOなら
質問2の答えがYESになるようにしてみよう。
そうしたら自然に質問1の答えもYESになる。

誰かを幸せにしてあげれば
自分も幸せになる。

家族だから

有名シェフが丹念(たんねん)に調理したコース料理より
母が適当に作ったシチューのほうが美味しく感じる。

海外の最新3Dアニメより
祖父母のなれそめ話のほうがワクワクする。

視聴率1位のお笑い番組より
兄の下手くそなマジックのほうが数倍笑える。

300万人以上が泣いたヒューマンドラマより
偶然見えた父の涙に心動かされる。

家族ってそんなもの。

家族だからこそ
大したことのない日常のひとコマが
特別で格別で大切な思い出になる。

オトナのコドモ

人が年を取るスピードは

全ての恐れを克服するスピードより

ずっと速い。

だから、どんなに成熟して見える人の中にも

小さなコドモのままのその人が

どこかに絶対隠れてる。

傘を開く

雨がぱらぱらと降る。人々は傘を開く。
でも、開く瞬間は一緒じゃない。

雨粒が顔に2、3滴当たったらすぐ傘を使う人。
雨足が少し強まったらバッグから傘を取り出す人。
服が濡れ始めるまで傘を開かない人。

他のものごとへの反応も、同じだ。
みな一緒ではない。

同じできごとに対しても
全く変わらない人
少しだけ表情を変える人
そして大きくリアクションを取る人がいる。
人はみんな違うのだ。

注射を前にして、子どもはびっくりして泣くけど
大人はじっと我慢する。
それは子どもが大げさだからではなく
注射の痛みや恐怖を本当に強く感じるからだ。
子どもと大人では反応が変わる。
そして、わたしたちは心にそれぞれ異なる箇所と割合で
オトナとコドモがいる。

何かに大きく反応する人を見て
「大げさだなあ。なんともないのに」と思うのは
注射を痛がる子どもに
「大人が泣かないのだから、子どもも泣いてはいけません！」
なんて叱るのと同じくらいナンセンスだ。

あるいは
雨の日に「いまはまだ傘を開くタイミングじゃないですよ」
なんて他の人に忠告するのと同じくらい野暮だ。

その言葉はひとりよがりで
他人への理解や共感は含まれていない。

ある場面ではオトナのわたしが
ある場面ではコドモのあなたを抱きしめてあげよう。

そうやって抱き合いながら生きるのだ。
雨の日に、一緒に傘を使うように。

DREAMING.

+

あなたの夢が叶うまで、あとたった1cm

夢【　】叶う

「夢」と「叶う」をつなぐのは
「は」や「が」なんて言葉じゃなくて
行動すること、だ。

チャレンジ

BE AMBITIOUS!

「若者よ、大志を抱け！」
夢みて挑戦する限り、人はいつまでだって老いない。
残りの人生の中で、今日が一番若いのだ。

未練

未練は
失敗したときより
挑戦しなかったときのほうがずっと感じる。

友達の友達に思いきって告白する
3日寝ないで遊ぶ
アフリカ旅行に行く
一目ぼれしたイグアナを飼ってみる
電話して「会いたいんだ」って言う
ずっと欲しかった車を買っちゃう
叶えたかった夢への一歩を踏み出す
世間の常識の壁にぶつかってみる

無謀(むぼう)に思える、だからこそやってみる。そんなことが必要なのだ。
食べ物も未練も残さない方がいいに決まってる。

スピード違反

人はしばしば
苦労をすっ飛ばして富と名声を得ようとし
困難より喜びを先に味わおうとし
山のふもとより頂上を征服したがり
努力せずに結果だけを期待する。

けれどそれはあまりに向こう見ずで
大抵あっさり失敗する。

春の次に冬が来るはずがないし
下から上に水は流れないし
明日の後に昨日は来ないし
花が咲く前に実を結ぶことはないのだ。

全てのものには順序があり
待つことは無駄ではなく、ひとつの過程にすぎない。

"勝利は、もっとも忍耐強い者にもたらされる"
(ナポレオン・ボナパルト)

笹はその花を咲かせるために、60年じっと耐える。
さらに竹は120年もの間、待ち続けるという。

花よりさらに美しく輝く
成功や栄光を望みながらも
しばし待つことに耐えられないのは
あまりにも愚かだ。

花より先に実はならない

努力

努力はただひたすらに苦しく
得られる結果だけが喜びという人は
本当の努力を知らない人で

努力それだけでも楽しく
さらにその結果も喜ばしいという人こそ
本当の努力を知っている人だ。

成功までの道のりそのものを愛せる人は
誰よりも一生懸命になれる。

「がんばること」それ自体を楽しめるって
本当に素敵なことだ。

あったかそう。
きっと氷河期で
へっちゃらだね。

まだかな？

宝箱

ただの箱と宝箱の違いは
中に宝物が入っているかいないかだけれど

あなたは自分が持っている箱を、
本当に全て開けてみた？

開けたことのない宝箱はどれも等しく
ただの箱にすぎない。

あなたは宝箱を持っていないわけじゃなく
ただ、箱をまだ開けていないだけかもしれない。

自然がお手本

辛い時期がいつまでも終わらないように思えるときは
暗雲が風に流されて動き、去って行くのを見ればいい。

力のない自分がやり遂げられるのか自信が持てないときは
か弱い野の花が、岩の間を割って咲いているのを見ればいい。

本当の愛があるのか疑ってしまうときは
つがいになったら死ぬまで離れないというオオカミを見ればいい。

家族に逆らいたくなったときは
老いた親にエサをくわえて食べさせるカラスを見ればいい。

週末も休めず、仕事のプレッシャーで頭が爆発しそうなときは
一日12時間寝ても飢え死にしないナマケモノを見ればいい。

目標が持てずがんばれないときは
一度の狩りで全てのエネルギーを使いきるチーターを見ればいい。

いつも人に遅れを取ってばかりだと落ちこむときは
陸ではゆっくりだけれど、水の中では速く泳ぐカメを見ればいい。

待ちに待ったその日が果たして来るのかと思うときは
長い長い冬の後に、必ず春が来るのを見ればいい。

神さまは宝探しのように
自然のあちこちに人生の答えを隠している。

一番危険なもの

大きな喜びを手にするとき、それを邪魔するのは
悲しみではなくわずかな喜びだ。

大きな満足を得ようとするとき、それを阻(はば)むのは
不満ではなく若干の満足だ。

大きな成功を収めようとするとき、それを妨げるのは
失敗ではなく小さな成功で

本物の愛を受けるとき、それを遠ざけるのは
憎しみではなく不完全な愛だ。

悲しみは喜びを
不満は満足を
失敗は成功を
憎しみは本物の愛を求め、そこにたどり着こうとするけれど
わずかな喜び、若干の満足、小さな成功、不完全な愛は
心を麻痺させ、そこで立ち止まり
満足してもいいのではないかと惑わせる。

「中途半端に満たされている」
この状態が何より危険だ。
それは単なるなぐさみ、言い訳にすぎない。

次のページにつづく☞

0よりはマシ。
ここでちょっと休憩しちゃおう。
そんな気持ちがいつの間にか本当の限界になったりする。

だから、人生には
全く手が届かないよりも
あと少しという場所で
消えてしまう夢のほうがずっと多いのだ。

山の中腹（ちゅうふく）で自分を騙していない？

本心から笑えて
心身ともに満たされて
ずっと叶えたかった夢を成し遂げて
誰よりも熱烈に愛することができるなら
そのほうが断然いい。

そうする価値があるのが
人生なのだから。

見た目が0割

見た目で人を判断しちゃダメだとわかっている。
けれど、人ではなく「あるもの」に対しては
見た目だけで判断してしまう人がとても多い。

よだれが出そうなほどリアルな食エッセイ
世紀の発見を解説した科学書
心躍る勇者の冒険小説
派手なゴシップ満載のドキュメンタリー

…そう、本だ。

本は、みんなが注目するハリウッド映画や
連載漫画や人気ゲームと違い
昔苦戦した問題集や教科書にも見た目が似ているせいか
どれも退屈でマジメなものだとばかり思われがちだ。

けれど、もしも見た目からして
本の価値がそのままに表れていたなら
きっと誰もが本を読みたくて
そわそわしながら行列をつくったり
本を買うために財産を使い果たしてしまうにちがいない！

良い本を読むことは
最も偉大な歴史上の人物たちと話すことと同じで
旅行できない場所にだって行けるし
なりたい人にもなれる。
一冊の出会いが、人生を変えることすらある。

「本」の見た目に抱くイメージを捨てよう。
消えた明かりをともすように閉じた本をもう一度開こう。
それはきっと本の見た目をした世界一の財宝か
素晴らしい未来へのチケットになるだろう。

神さまのお仕事

神が自ら手を付けない仕事がいくつかある。

ドアを開けること
第一歩を踏み出すこと
文章を書き始めること
本の1章目を記すこと
ピアノの鍵盤(けんばん)を最初に叩くこと
種を植えること
最初のプレゼンテーションをすること
異性に初めて手を差し伸べること
……etc.

「始めること」が神ではなく人の領域になってからもう長い。
でもときどきわたしたちは
自分で始めないまま何かが起こることを望む。

ビートルズだって地元の小さなライブハウスで声を張り上げなければ
神に気づかれなかったかもしれない。
お城の舞踏会に勇気を出して参加したからこそ
灰かぶりの娘はまさにシンデレラ・ストーリーを成就させられたんだろう。

「何かを始める」というのは神に送る合図だ。

何であれ、本当に望む願いを叶えるためには
ほんのささいなことだって、自ら始めることが重要だ。

適応力

空港付近の騒音に慣れる
暑い気候に慣れる
父の大雑把(おおざっぱ)な性格に慣れる
引っ越し先のご近所や新しい会社のシステムに慣れる
妻のエキセントリックな料理の味に慣れる

……生きていくうえで必要な適応だ。

ソファーでだらけてインスタント食品を食べることに慣れる
毎日起きる悪いニュースに慣れる
一日2回平気で嘘をつくことに慣れる
傷つき、他人を傷つけることに慣れる
失敗と挫折に慣れる

……これはただの思考放棄(ほうき)だ。

全ての状況をあたりまえだと受け入れてはいけない。
自分をダメにし他人を傷つける悪慣を断ち切れないなら
本当の人生はやって来ない。

目的地はどこですか？

家を出てどこかに向かうとき
花が咲いているから
きちんと舗装(ほそう)されているから
という理由で道を選ぶわけじゃない。

目的地に行くまでの道中には
花の咲く道もあり
アスファルトの道もあり
渋滞で混み合う道もあり
工事中ででこぼこの道もある。

花咲く道では花を眺め
舗装された道ならスピードを出し
渋滞の道路では少し休み
工事中の道では転ばぬように注意をし
そうしてやっと目的地に到着するのだ。

もし、花咲く道や舗装された道だけを行こうとするなら
永遠に目的地にはたどり着けないだろう。
重要な面接を逃し
彼とのデートに行けず
故郷の家族に会えず
契約も取り付けられないだろう。

セイレーン*の声がいくら甘く誘っても
航路を変えることのなかった船乗りたちのように
ときには嵐の中を進み、ときには眠気に打ち勝ち
求める場所に向かって毎日進んでいくから
夢は近づき、愛は発展し、努力は報われ
満願(まんがん)は成就するのだ。

周りの景色を見るより前に
自分の心に聞けばわかる。

今日、私がたどり着いた場所が
ただひととき休むだけのサービスエリアなのか
それともずっと望んでいた目的地なのか。

サービスエリアの風景がいくら美しくても
そこの食事がおいしくても

目指す場所のためには
前に進まなきゃいけない。

※ギリシャ神話に登場する海の妖精。
愛らしく甘い声で歌い、魅入られた船乗りの魂を食い殺してしまう。

おまじない

物語がとても好きなら
書きものが趣味のカフェのオーナーより、小説家になれますように。

歌を愛しているなら
歌の上手い料理人より、舞台に立つ歌手になれますように。

旅が人生の目的なら
休暇までの日数を指折り数える会社員より、旅行家になれますように。

あなたがコメディーに興じるなら
ユーモラスな取引先の部長より、人気のお笑い芸人になれますように。

あなたが心の底から、望むものになれますように。
本当に叶えたい未来にたどりつくまで
勇気と根気を持てますように。

最後の瞬間までどんな未練も残しませんように。
そんなあなたに世界がチャンスをくれますように。

でも、もしあなたがすっかり欲したとおりにならなくても
痛みだけではなく美しい人生の一部を
手に入れたと思うことができますように。
失敗ではなくチャレンジだったと言えますように。

夢を持っていたことを後悔しませんように。

過去の栄光に囚(とら)われずに、
美しい現在を笑って生きられますように。

エンドロール

沈む太陽を悲しまないのは
明日も陽がのぼることを知っているからだ。

枯れ落ちる花に不安を感じないのは
その種がまたあちこちで花を咲かせることを知っているからだ。

激しい夕立ちに平静を失わないのは
それがすぐに通り過ぎることを知っているからだ。

消える虹に腹を立てないのは
いつかきっともう一度見られることを知っているからだ。

私たちが
涙を流したり、苦しんだり、焦ったり、怒ったりしてしまうのは
ただ知らないだけなのだ。

今までにない機会が訪れることを
いい知らせがやって来ることを
たくさんの問題がすぐに解決することを

これが全ての終わりなどではなく
新たな人生の始まりにすぎないということを。

未来からの手紙

あなたに訪れる不幸は、もうこれで終わりです。
絶望は消えて、未来はただただ素晴らしいものです。
あなたのがんばりは実を結びます。
辛いできごと、悲しいできごと、
感じていた痛み、それから記憶の奥の苦しみまで
そのすべては報われます。

もっと大きな幸福が心を満たし
今までと比べものにならないほどの感動があなたを待っています。
人生の絶頂だと思っていたできごとは
本当のクライマックスのちいさな前兆に過ぎなかったんです。
人生の終わりに思い出したい、美しい場面が
まだまだ星の数ほど残っています。

たとえ、困難がやってきても
あなたはそれに十分耐えられるほど強くなっています。
他人の痛みにも耳を傾け、誰かを思いやってあげられるほどに。
まだ出会っていない最良の人たちがあなたを待っています。

あなたによく似ている人も、正反対の人もいますが、
みな等しくインスピレーションと活力を与えてくれます。
彼らとの会話では心が通じ合い
新しい世界、新しいあなた自身 それから、
求めていたすべてを見つけることができるでしょう。

世界はめったに見せない真理をあなただけに見せてくれます。
その瞬間、心臓がドクドクと音を立て、
「あぁ、生きてるってこういうことだったんだ」と分かります。

シャチの群れの海中レースよりめずらしいワンシーンや
ムンバイの洗濯場に暮らすインド人の一生よりも鮮烈なだれかの生きざまを
その目におさめることになるでしょう。

旅から帰ったとき
誰も代わりができない自分自身の人生の主人公になるでしょう。
旅はときに人生のようで、人生はときに旅に似ています。

ああ、未来が、明日が来るのがほんとうに待ち遠しい!
だから、いま悲しいなら思いっきり泣いて
辛いならしばし肩を流しておきましょう。
だけど、ずっとそうしてはいないで
自分の足で立ち上がり、約束された明日を探しましょう。
ほんとうの、人生の主人公になるために。

これはあなたの未来からあなたあてに配達された手紙です。

この手紙にないのは住所だけ。

この手紙にあるのは真実だけです。

P.S　心から満足できる人生がやってくるまで
　　　もう、たった1cm

おまけ　登場人物の解説

クマくん：

クマの男の子で、心遣いをなによりも
大事にするキザなロマンチスト。
ワイルドな外見に似合わない
つぶらな瞳がコンプレックスで、
サングラスを愛用。

シロクマちゃん：

北極の氷河が溶けて日本に
移住してきたシロクマ。
新鮮な魚が食べられなくて
クマができてしまったけど、
それでもすっごく可愛い女の子。

なにがしちゃん：

ストライプの服がお気に入り。
趣味はネットショッピングと編み物で、
特技はバイクレース。
謎が多い女の子。

ほにゃららさん：

平凡な中年のサラリーマン。
たまたま着てみた哲学者スピノザの
コスプレにはまり中。
次はアインシュタインのコスプレを
しようとたくらんでいる。

ぬいぐるみにゃんこ：

前世はなにがしちゃんの元カレが
買ってくれたブラックドレス。
捨てようとしたけど
大切な思い出なので捨てきれず、
しかたなくその生地で作ったのがこの子。
最近、片目のボタンがとれてオッドアイになった。

著者・訳者紹介

キム・ウンジュ Kim Eun Ju ／文

韓国トップの広告代理店において、気鋭のコピーライターとして活躍。ギャラクシー、サムスングループなどさまざまな超有名企業のキャンペーンを担当した。08年、初の著作『1cm』を上梓後、本書『1cm＋』(原題)が大ベストセラーとなり、シリーズ全体で80万部の快挙を達成した。他の著作に『+1cm LOVE たった1cmの差があなたの愛をがらりと変える』(文響社)など。両利きのO型で、クリエイティブなこととウィットの効いたことが好き。

SNS ＝ https://www.instagram.com/eunju_writer
Blog ＝ http://blog.naver.com/1cmstory

ヤン・ヒョンジョン Yang Hyun Jung ／イラスト

ネオウィズ商品デザインチームを経て、フリーのキャラクターデザイナー兼イラストレーターとして活動中。「1cm」シリーズのイラストを担当、魅力的な色使いと温かなタッチで多くのファンの心をつかむ。三度のご飯よりも絵を描くことと愛猫ハルを愛してやまない。

SNS ＝ https://www.instagram.com/yanghyunjung__
Blog ＝ http://blog.naver.com/hikari078

簗田順子／訳

翻訳者。第14回韓国文学翻訳新人賞受賞(韓国文学翻訳院主催)。主な訳書に『最高の自分をつくる人生の授業』(ディスカヴァー・トゥエンティワン)『自然食で美肌パック』(メディアパル)『サムスン流 勝利の法則27』(ソフトバンククリエイティブ)『少女式美脚ダイエット』(TOブックス)などがある。江戸時代の城下町の地図を眺めたり、ドキドキするミステリー小説を読むのが至福のとき。

<small>プラスイッセンチ</small>
+1cm
たった1cmの差があなたの世界をがらりと変える

2016年 7 月26日　第 1 刷発行
2024年 9 月27日　第24刷発行

著　者	キム・ウンジュ　ヤン・ヒョンジョン
訳　者	簗田順子　文響社編集部
日本語版デザイン	大場君人　寺村卓朗
手書き文字	菅原実優
協　力	キム・ヒョンウ・トーマス
編　集	林田玲奈
発行者	山本周嗣
発行所	株式会社文響社　〒105-0001　東京都港区虎ノ門2-2-5　共同通信会館9F
	ホームページ　http://bunkyosha.com
	お問い合わせ　info@bunkyosha.com
印　刷	株式会社光邦
製本所	本間製本株式会社

本書の全部または一部を無断で複写(コピー)することは、著作権法上の例外を除いて禁じられています。
購入者以外の第三者による本書のいかなる電子複製も認められておりません。定価はカバーに表示してあります。
©2016 Junko Yanada, Bunkyosha　ISBNコード 978-4-905073-35-2　Printed in Japan
この本に関するご意見・ご感想をお寄せいただく場合は、郵送またはメール(info@bunkyosha.com)にてお送りください。